Loi 49 956 du 16 juillet 1949,
sur les publications destinées à la jeunesse.
Dépôt légal: mars 2005

Typographie: *Architexte*, Bruxelles
Photogravure: *Xtension*, Londres
Imprimé en Belgique par *Daneels*

Rascal

BONHOMME PENDU

PASTEL
l'école des loisirs

Un coin de trottoir
Feuille de papier
Ticket de métro
Dos d'une enveloppe
Ou paume de main
Cela suffit

. . . .

ENFANTIN

Lettre après trait
Cite l'alphabet
Trait après lettre
Dresse le gibet

INGENIEUX

. . . .

Comme l'éphémère
Ou comme l'été
J'ai la vie brève
Je ne fais que passer

. . . .

PASSAGER

Triste manie
Triste potence
Ils vont me pendre
Pour une coquille
Une omission
Une peccadille

. . . .

0/10 Soin!

Trop de fautes Recopier 10 fois

Af.

La balade des pendus

Frères humains qui après nous vivé,
N'ayez les coeurs contre nous endursis,
Car, ce pitié de nous pauvre avez,
Dieu en aura plutot de vous mersi.
Vus nous voiyez si ataché cinq, sixe:
Quand de la chère que tros avont nourris,
Elle est pied ça devorée et pourrie,
Et nous, les os, devenons cendres et poudre.
De notre mal persones ne s'en rie;
Mais priez dieu que tous nous veule apsoudre!

François Villon

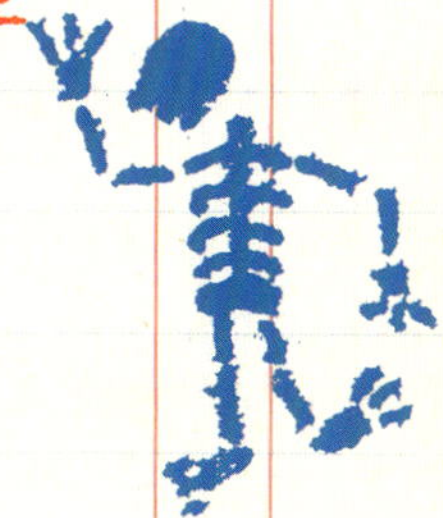

PERSECUTION

Soixante mille mots
Contre vingt-six lettres
C'est pas le loto
Mais je gagne une corde

• • • • •

1 2 3 4 5 6
7 8 9 10 11 12
13 14 15 16 17 18
19 20 21 22 23 24
25 26 27 28 29 30
31 32 33 34 35 36
37 38 39 40 41 42
VEINE

Tête à Toto
Rien qu'un zéro
Personne ne m'aime
Ils m'ont fait pas beau

• • • • • • • • • • • •

PLEURNICHEUR

Je suis qu'à moitié
Tête sans les jambes
Demi-portion
J'ai l'air d'un ver
Au bout de l'hameçon

• • • • •

OUBLI
COPIE CLIENT
EURO
Luxembourg
BRUXELLES
Valable Geldig
2 mois maanden
Fr.B
ALLER - HEENREIS
89001
DATER EN
No MATRICULE

Je suis cul-de-jatte
Je suis manchot
Je touche du bois
La corde m'enserre
Tout va très bien
Ça va merci

• • • • •

NŒUD

J'suis gribouillé
C'est primitif
Mal dessiné
Rien qu'une esquisse

• • • • • •

CROUTE
12

Je décide de rien
C'est mon destin
Même à cloche-pied
J'irai pas loin

• • • •

HOTEL CANTERBURY
BRUXELLES
PION